Der Mann mit den goldenen Augen

Edmond Hamilton

Writat

Diese Ausgabe erschien im Jahr 2024

ISBN: 9789359948423

Herausgegeben von
Writat
E-Mail: info@writat.com

Der Mann mit den goldenen Augen

Von Alexander Blade

Er lag in der Gosse. In seinem Mund war der Geschmack von Whisky und Niederlage. Auf seinem Gesicht, auf seinem Zwei-Wochen-Hemd, auf seinem zerlumpten Anzug waren Schlamm und Dreck; und während die Straße und die Gebäude vor seinen Augen kräuselten und schwankten, spielte ein Tonbandgerät in seinem Kopf immer und immer wieder:

Du bist durch, Hayden – völlig abgewaschen – das ist der Tiefpunkt – du kannst nicht tiefer gehen – Lee Hayden – junges Genie – ganz abgewaschen – du hast die Reise in Eile gemacht, mein Sohn – bis ganz nach unten Der Grund ist nichts Flaches – warum gibst du nicht auf, warum gehst du nicht los, du mutloses Wunder der Ewigkeit – zu schwach zum Leben – zu gelb zum Sterben –

Während das Band die Straße entlang abgespielt wurde, kamen die anspruchsvollen Leute immer weiter und gingen behutsam um das Wrack in der Gosse herum; die Gefühllosen, zu grinsen und zu höhnen; die Schüchternen, vorbeizueilen, ohne hinzusehen.

Dann eine Stimme: „Kann ich Ihnen helfen?"

„Geh weg."

Eine Hand auf seiner Schulter. Die Stimme lebhaft, fröhlich. „Kommen Sie – die Gosse ist kein Platz für einen Mann Ihres Kalibers."

Lee grunzte und drehte sich um. Jemand, der ihn offensichtlich kannte; jemand, der den Mythos seiner „Brillanz" wiederholt. „Ich sagte, verschwinde –" Er öffnete ein Auge. Wenn es sich um einen alten Freund handelte, war der Mann aus der Erinnerung verschwunden. Pralle, fröhliche, rosige, gut geschnittene Kleidung. Ein Mann mit einer Ausstrahlung von Selbstvertrauen.

Und noch etwas mehr.

Es war *etwas mehr*, das Lee davon abhielt, nach dem dicken Kinn des Mannes zu schwingen, nachdem er sich auf die Füße heben ließ. Der Mann sah Lee kritisch ins Gesicht, als dieser schwankte. Er holte ein schneebedecktes Taschentuch aus seiner Tasche. Er wischte Schmutz von Lees Gesicht, so wie man das Gesicht eines Kindes abwischt. „Ich glaube, du brauchst etwas zu trinken, junger Kerl."

Lee grinste schief. „Jetzt redest du ."

Der rundliche Mann führte Lee die Straße hinunter, um eine Ecke, unter einem glitzernden Zelt hindurch. Ein makelloser Türsteher starrte ihn mit frostigen Augen an. Sein angewiderter Blick ernüchterte Lee teilweise. „Jetzt warte mal", murmelte Lee. Schließlich hat ein Mann nie seinen *ganzen* Stolz verloren.

Er zog sich zurück und suchte instinktiv nach Schatten, als sich der Blick des Türstehers auf den rundlichen Mann richtete. Sie wurden sofort gelöscht. Er salutierte, verbeugte sich und sagte: „Guten Abend, Mr. Clifford."

„Guten Abend, John. Wir brauchen ein oder zwei Gläser von deinem hervorragenden Scotch."

"Sicherlich." Der Türsteher öffnete das Portal, als würde der Außenminister den Lotus-Raum mit seiner Anwesenheit ehren.

Lee war mit Staunen beschäftigt, als sie die Hotellobby durchquerten und sich hastig zurückgezogenen Nerzmänteln und formeller Kleidung näherten. Es war sicherlich an der Zeit, dass der Türsteher auftauchte. Aber die Gastgeberin an der Tür des Lotuszimmers – eine blonde Traumfrau, die etwas trug, das einer rosa Wolke ähnelte – warf dem rundlichen Mann einen Blick zu, der nach Lees Meinung nur Gott hätte vorbehalten sein sollen.

„Mr. Clifford! Welchen Tisch möchten Sie?"

Mr. Clifford lächelte. "Guten Abend mein Schatz." Er wandte sich an Lee. „Mr. Hayden, das ist Daphne – Mr. Lee Hayden, mein Lieber."

Ihr Blick richtete sich gehorsam auf Lee und er war nüchtern genug, um das völlige Fehlen von Abscheu zu bemerken; in ihrem freundlichen, offenen Blick lag nur Mitleid. Er bedankte sich im Stillen und dachte: *Sogar ein Penner wie ich hat noch ein wenig Stolz und Sensibilität übrig*.

Aber ein Penner verbirgt es hinter Grobheit. Lee knurrte: „Haben Sie in diesem Snob-Laden anständigen Alkohol?"

Snob-Joint! Vor nicht allzu langer Zeit fühlte er sich an solchen Orten völlig zu Hause. Nicht so lange her? Huh! Etwa tausend Jahre.

Mr. Clifford sagte: „Ein ruhiger Ort, Daphne. Mr. Hayden und ich wollen reden."

„Verdammt mit diesem Lärm. Wir wollen trinken."

Als sie den Raum durchquerten, trat ein Mann in formeller Kleidung, offensichtlich der Manager, beiseite und verneigte sich ehrerbietig vor Mr. Clifford. Letzterer nickte freundlich und setzte Lee auf einen Stuhl an einem verschneiten Tisch. Der Kellner war sofort da. Lee schwieg, während Mr. Clifford Scotch bestellte. Dann konnte er es nicht mehr zurückhalten.

„In Ordnung – was zum Teufel ist das alles?"

Mr. Clifford lächelte leicht. „Du brauchst etwas zu trinken. Hier sind wir."

„Aber warum hier – in diesem Plüschlokal?"

„Warum nicht. Es ist geöffnet. Würden Sie lieber einen stinkenden Skid-Ruder-Tauchgang machen?"

Von jedem außer Mr. Clifford, dachte Lee, wäre das eine Beleidigung gewesen. „Dort wäre ich wohler", murmelte er.

„Der größte Raumflugtheoretiker , der je gelebt hat? Ich glaube nicht." Cliffords Stimme war ein wenig scharf und das *Etwas* trat wieder hervor und hielt Lees Erwiderung zurück. In diesem Moment kam der Kellner. Er schenkte die Getränke ein und Mr. Clifford winkte. Der Kellner stellte die Flasche auf den Tisch und ging.

Lee kippte sein Getränk ab. Seine Kampfeslust kehrte zurück. „Wenn du das zum Spaß machst, ist das okay. Ich habe es geschafft. Wenn du ein Autogramm willst – keine Soap. Ich konnte keinen Bleistift halten."

Mr. Clifford nahm die Flasche und schenkte Lee einen zweiten Drink ein. Er hatte sein eigenes nicht berührt. „ Du hast also versagt", sagte er nachdenklich.

„Ja, ich habe versagt."

„Andere auch."

Lee spottete. „Man kann es mit so schöner Lässigkeit hinstellen. Ist Ihnen bewusst, dass auf diesem Schiff elf Männer getötet wurden?"

„Ich weiß. Und es scheint mir, dass sie ihrem Schicksal mit viel mehr Mut entgegengetreten sind als du deinem."

„Wenn ich mit Ihrem Alkohol einen Vortrag halten muss, würde ich lieber –
"

„Sicher nicht. Trinken Sie noch einen."

Mr. Clifford schenkte ein, und Lee hatte den Anstand, sich zu schämen. „Sehen Sie – ich bin fertig – abgewaschen – ich bin ganz unten. Warum sollten Sie –?"

„Ganz unten, ja. Aber manchmal muss man ganz unten ankommen, um nach oben zu gelangen."

Lee warf den dritten Scotch weg. „ Nun , ich habe den Tiefpunkt erreicht, das ist sicher."

„Sie haben mich gefragt, warum ich Sie hierher gebracht habe, Mr. Hayden. Das ist der Grund.“

" *Was ist* der Grund?"

„Um zu sehen, ob du wirklich den Tiefpunkt erreicht hast.“

„Du lässt es wichtig klingen“, spottete Lee.

„Glauben Sie mir, das ist es.“

„Zu meinen Feinden?“

„Nein, nicht nur sie. Auch deinen Freunden – der ganzen Menschheit.“

„Was für einen Blödsinn erzählst du mir?“

„Es ist Ihnen auch wichtig.“

„Mir ist nichts wichtig.“ Lees Kopf begann zu schwimmen. Und er wusste – ohne es zu sehen oder beweisen zu können –, dass Mr. Clifford den letzten unter Drogen gesetzt hatte. Er beäugte Mr. Cliffords Kehle und versuchte, seine Hände zu heben. Unmöglich....

Mr. Clifford, eine verschwommene Gestalt, die sich in einem Strudel drehte, sagte: „Wichtig, Mr. Hayden, denn ich denke, Sie sind jetzt bereit, den Mann mit den goldenen Augen zu sehen.“

„Der Ma-Mann – was für ein dummer Unsinn –“

Lee Hayden wurde ohnmächtig.

Er erwachte sanft. Er öffnete die Augen und wusste, dass er im Bett lag. Er war sich auch dreier anderer Dinge bewusst – eines schrecklichen Geschmacks im Mund – stechender Kopfschmerzen – und der Tatsache, dass er nicht allein war. Er blinzelte und die Gestalt neben dem Bett verschwand aus einem verschwommenen Bild und verwandelte sich in ein wunderschönes Mädchen. ein Mädchen, von dem er glaubte, dass er es kennen sollte. Dann erinnerte er sich. Er hatte sie am Abend zuvor im Lotuszimmer getroffen. Sie war ihm als Daphne vorgestellt worden. Sie war immer noch sehr schön; kühl wie ein Sommernachmittag im Wald.

Obwohl er einen völlig angemessenen Pyjama trug, fühlte sich Lee nackt und duckte sich erneut hinter seine Kampflust. "Was zur Hölle machst du hier?"

Sie betrachtete ihn mit einer fast kindlichen Ernsthaftigkeit. „Mr. Clifford dachte, Sie sollten nicht allein sein, als Sie aufwachten.“

„Sehr rücksichtsvoll von ihm, da er der Typ war, der mich unter Druck gesetzt hat. Wie lange bist du schon hier?“

"Ungefähr zwei Stunden."

Voller Verachtung für sich selbst benutzte Lee unbewusst den Trick, die Sache auf die erste geeignete Person zu lenken. Daphne war praktisch. Sein Mund verzog sich wissentlich. „ Sicher bist du nicht aus einem anderen Grund hier?"

"Welcher Grund?"

„Versuchen Sie vielleicht, ein paar Dollar aufzutreiben?"

Die Frage in ihren Augen war offensichtlich aufrichtig, ihr Blick völlig unschuldig und er wusste, dass sie nicht so ein Mädchen war.

Ihr Gesichtsausdruck veränderte sich nur dadurch, dass die Frage verschwand. Die Unschuld blieb. Doch es gab etwas an diesem letzten, das Lees Aufmerksamkeit erregte. Er versuchte es zu definieren. Die Unschuld des Wissens statt der Unwissenheit? Er fragte sich.

„Wenn du willst", sagte Daphne. „Aber dafür wäre kein Geld nötig."

Fassungslos vergaß Lee seine Kopfschmerzen und ließ seine Füße langsam auf den Boden gleiten. Er studierte sie, den analytischen Verstand, der ihn schon als junger Mann zu einem großartigen Wissenschaftler gemacht hatte und jetzt die Fragen formulierte.

"Warum?"

"Ich brauche kein Geld."

„Ich meine, warum bist du bereit –"

„Weil Mr. Clifford darum gebeten hat, dass ich Ihnen auf jede erdenkliche Weise helfe."

„Warum zum Teufel –!"

„Oh nein! Mr. Clifford ist einer der Großen." In ihrer Stimme lag Ehrfurcht.

„Du musst ein Narr sein! Ich vertraue einem Mann, der so etwas von dir verlangen würde!"

„Sie legen mir Worte in den Mund. Mr. Clifford hat nicht erwähnt, dass ich mit Ihnen geschlafen habe. Er hat nur darum gebeten, dass ich jeden möglichen Dienst erbringe."

„Und Sie glauben nicht, dass das enthalten war?"

„Möglicherweise war es das."

„Und Sie respektieren einen Mann, der es zulassen würde ? "

Daphne lächelte strahlend und ruhig. „Vielleicht wusste Mr. Clifford, dass ich nicht gebeten werden würde, einen solchen Dienst zu leisten."

„Wie konnte ein Mann das wissen?"

„Ich habe es dir gesagt. Mr. Clifford ist einer –"

„Ich weiß – ich weiß. Einer der Großen. Was ist das? Eine Art Lodge?"

Sie überlegte einen Moment. "In einem Sinn."

Plötzlich übernahm Lees Anstand das Kommando. „Es tut mir leid – mehr leid , als ich sagen kann. Verzeihen Sie mir?"

Sie erwiderte sein Lächeln. „Es gibt nichts zu verzeihen. Möchtest du einen Kaffee?"

„Das ist eine Idee, aber hauptsächlich möchte ich reden."

"Worüber?"

„Wer hat mich hierher gebracht? Wer …" Er rieb sich mit der Hand das Kinn. „Wer hat mich gereinigt und rasiert?"

„Herr Clifford."

"Warum?"

„Ich weiß es nicht. Ich kann mir vorstellen, dass er einen Grund hatte."

"Wo ist er jetzt?"

„Ich weiß es nicht. In China vielleicht – Südamerika – Indien."

Lee lächelte ironisch. „Okay – okay. Stellen Sie eine dumme Frage, Sie bekommen eine dumme Antwort."

„Ich habe die Wahrheit gesagt."

„Was ist er? Ein reisender Verkäufer?"

Wieder dachte Daphne mit tiefer Ernsthaftigkeit nach. „Ich nehme an, so könnte man ihn nennen?"

„Wann kommt er zurück? Ich möchte noch ein paar Worte mit ihm."

„Ich bezweifle", sagte Daphne, „ob du ihn jemals wiedersehen wirst."

Lee versuchte aufzustehen. Er hat es schlecht gemacht. Er schwankte und setzte sich wieder. Sie war sofort neben ihm. "Dein Kopf?"

„Meine *zwei* Köpfe."

„Vielleicht kann ich helfen." Ihre Finger fühlten sich kühl auf seiner Haut an; lebendig, beruhigend, barmherzig. Lee schloss die Augen und wurde von einem wunderbaren Gefühl des Wohlbefindens umhüllt. Dann wurde ihm klar, dass die scheinbar lange Zeit nur ein paar Augenblicke gewesen war. Aber seine Kopfschmerzen waren verschwunden.

Er drehte sich scharf zu ihr um. "Wie hast du das gemacht?"

"Es ist sehr einfach." Daphne ging schnell zum Telefon und bestellte Kaffee und Orangensaft. Sie legte den Hörer auf, sah Lee an und sagte: „Wollten Sie reden?"

„Ja. Ich habe eine große, fette Frage. Warum?"

"Warum?"

„Weichen Sie nicht aus – bitte. Sie wissen, was ich meine. Ich lag betrunken in der Gosse. Dieser Mann hat mich hochgehoben und hierher gebracht. Warum?"

„Vielleicht bist du für die Menschheit wichtiger, als dir bewusst ist."

"Warum sagst du das?"

„Weil Mr. Clifford sich um die Menschlichkeit kümmert."

Lee verspürte eine schnelle Verzweiflung. Daphne schien durchaus bereit zu sein, jede seiner Fragen zu beantworten, aber ihre Antworten waren ungefähr so aufschlussreich wie Mitternacht in einem dunklen Schrank. Er suchte einen anderen Weg. „Erzähl mir von diesen Großen."

„Ich fürchte, ich kann nicht."

"Warum nicht?"

„Weil ich so wenig über ihn weiß ."

„Sie erzählen dir also nicht viel?"

„Ich bin nicht würdig, viel zu wissen. Bis jetzt bin ich kaum ein Eingeweihter."

Ein Kellner brachte den Kaffee und ging. Daphne goss aus dem Silbertopf. „Kann ich sonst noch etwas tun?"

„Ich denke, du hast genug getan. Und ich bin dankbar. Ich habe nicht die geringste Ahnung, was die Gründe dafür sind – aber ich bin dankbar."

„Ich werde im Lotus Room sein, wenn du mich willst."

Daphne nahm ihren Mantel, lächelte Lee an und ging zur Tür. Als sie ihre Hand zum Knauf ausstreckte, sagte Lee: „Nur noch etwas."

Sie drehte sich um. "Ja?"

„Bevor ich ohnmächtig wurde, sagte dieser Clifford etwas. Etwas über meine Bereitschaft, den Mann mit den goldenen Augen zu treffen. Was war das für ein Kauderwelsch?"

Daphne zögerte. Zum ersten Mal schien sie ratlos zu sein.

Lee fragte: „War es nur meine Einbildung?"

"NEIN."

"Was hat er gemeint?"

„Genau das, was er gesagt hat, da bin ich mir sicher."

Lee unterdrückte seine Verzweiflung. „In Ordnung – wer *ist dann* der Mann mit den goldenen Augen?"

Daphne betrachtete Lee mit einer Art unpersönlicher Zuneigung. „Jemand, von dem ich sicher bin, dass du ihn sehr, sehr bald kennenlernen wirst."

Sie ging, bevor Lee noch eine Frage stellen konnte. Er saß auf der Bettkante und starrte trübsinnig auf seine Kaffeetasse. „Sie hat meine Kopfschmerzen geheilt", murmelte er, „aber ich habe eine Ahnung, dass dieser Typ mit den goldenen Augen sie gleich wieder zurückbringen wird …"

---

stand ein komplett neuer Kleiderschrank, aber Lee – überlastet von unbeantworteten Fragen – weigerte sich, sich zu fragen, wo er hergekommen war. Während er duschte, sich abtrocknete und anzog, waren seine Gedanken ausschließlich auf Mr. Clifford gerichtet und schlossen alles andere aus.

Herr Clifford. Wer war er? Warum hatte er das alles getan? Eine hinterhältige Verschwörung von International Electronics, um einen gewissen Lee Hayden wieder auf die Beine zu bringen und seinen Job wieder aufzunehmen? Lee dachte nicht. Zwei Punkte standen dieser Idee entgegen. Erstens hatte International ihn definitiv vom Platz gestellt. Zweitens würde ihr Vorgehen, vorausgesetzt sie hätten noch einen letzten Versuch, in keiner Weise dem verrückten Muster von Mr. Clifford ähneln.

Was steckte dann dahinter? War es die amüsierte Geste eines dilettanten Philanthropen? Nein. Dieser Clifford hatte etwas an sich, das ihn weit darüber hinaushob. Er war kein untätiger Operator. Es gab einen Zweck. Aber welchen Zweck? Daphne hatte ihm gesagt, dass er Mr. Clifford wahrscheinlich nie wieder sehen würde. Wie konnte er also jemals einen Sinn aus den Ereignissen der letzten Stunden erschließen?

Als Lee sich seinen Schlüssel schnappte und in die Lobby ging, sagte er sich: *„ Sie legte ihre Hände auf meine Stirn und die Kopfschmerzen waren sofort verschwunden. "* *Oder hatte ich wirklich Kopfschmerzen?*

Der Angestellte nickte respektvoll. Lee stand ihm hinter seinem alten Schild der Kriegslust gegenüber. „Mein Name ist Lee Hayden."

„Ich weiß, Sir."

„Ich war in Zimmer 1106."

Der Angestellte nickte.

„Wer hat es für mich gemietet?"

„Warum, Mr. Clifford, Sir. Ich dachte, Sie wüssten es."

„Ich wollte nur herausfinden, ob *du* es weißt." Lee warf seinen Schlüssel weg. "Ich gehe aus."

"Sicherlich."

"Also?"

„Nun, was, Sir?"

„Die Rechnung. Zahlen die Leute nicht, um hier zu bleiben – oder handelt es sich um eine Wohltätigkeitseinrichtung?"

„Oh nein, Sir. Wir sind keine Wohltätigkeitsorganisation. Aber Ihre Rechnung wurde bezahlt von –"

„Ich weiß – von Mr. Clifford." Lee runzelte die Stirn und schritt auf die Straße.

Er ging vom Hotel direkt zur nächsten Bar. Er trank einen doppelten Bourbon, pur, und ließ ihn seine Magenschleimhaut erwärmen. Es fühlte sich gut an. Er stellte sein Glas ab und deutete auf den Barkeeper. Dann schaute er in das nachgefüllte Glas und machte keine Anstalten, es anzuheben. Einen Moment später stand er auf der Straße und erkannte, dass es das erste Mal seit achtzehn Monaten war, dass er mit einem Drink aufgehört hatte.

Es war jedoch keine Reformation; lediglich eine vorübergehende Ablenkung seines Geistes von einem vorrangigen Ziel; das, sich zu Tode zu trinken; die Aufgabe, aus seinem Gehirn das Bild von elf Männern zu löschen, die auf schreckliche Weise starben, als das Schiff, das er entworfen hatte, erbebte, zusammenbrach und im Weltraum zusammenbrach.

Nicht einmal eine vorübergehende Atempause, denn die schreckliche Vision seiner eigenen Unzulänglichkeiten – seines eigenen Versagens – war immer noch da. Aber wie konnte er das wissen? Weder er noch irgendjemand sonst konnte sich der tatsächlichen Bedingungen bewusst sein, die dort draußen herrschten. Theorien und Zusammenfassungen waren in Ordnung; fast genug, um weiterzumachen. Aber nicht ganz. Der Lohn liegt immer im Tun. Sonst würden Testpiloten nicht sagenhafte Gehälter verlangen, um beim ersten Versuch ihren Hals zu riskieren. Aber elf Männer! Ausgelöscht, weil man Lee Haydens Wort genommen hatte. Elf junge Männer.

jedes Mal zerriss, wenn er die Augen schloss.

Immer noch halb nüchtern fiel er ins Bett und begann erneut, das Grauen zu erleben, spürte, wie sein eigenes Fleisch mahlte, seine eigenen Knochen brachen; erlebte ihren Tod genauso noch einmal wie seit dem ersten Moment, als er von der Katastrophe erfahren hatte; die letzte Nachricht, die sie aus dem Weltraum gesendet hatten.

Er erwachte schweißgebadet und erkannte, wo er war. Er schnappte sich die Flasche, schlug dagegen und warf sie vom Tisch. Er sah zu, wie der Alkohol auf den Teppich tropfte. Er schluchzte.

Dann sah er hellwach – mit dem Geruch von frischem Whiskey in der Nase – den Mann mit den goldenen Augen.

Zumindest dachte er, er sei wach. Und noch während es geschah, herrschte in ihm Gewissheit.

Das ist kein Traum.

Er stand scheinbar unbeobachtet in einer riesigen Höhle; ein seltsamer, fabelhafter Ort, und das Wunder, das er dort hatte, hielt ihn in Atem und ließ sein Herz höher schlagen.

Die Höhle befand sich hoch oben an einem Berghang. Es war, als hätte ein riesiges Messer horizontal in festen Fels geschnitten und einen Brocken herausgeschnitten, der neun Fuß dick, fünfzig Fuß breit und dreißig Fuß tief war. Die Wände und die Decke der Höhle bestanden aus poliertem schwarzem Stein, der Boden war mit einem dicken, seidenen Teppich ausgelegt.

Das Licht kam sanft und schattenlos von irgendwoher, scheinbar ohne Quelle , und vom äußeren Rand der Höhle, wo Lee stand, konnte er einen vollen, gelben Mond sehen, der über den Nachthimmel ritt.

Die Szene – oben und unten – war eine der Ekstase ; Ein überwältigendes Gefühl durchfuhr Lee, etwas, das er noch nie zuvor gekannt hatte. Zu seinen Füßen befand sich ein steiler Abgrund von zehntausend Fuß Länge, der direkt an der Bergwand hinab in ein grünes Tal führte. Ein silberner Fluss schlängelte sich sanft durch ein Tal, das von hoch aufragenden, schneebedeckten Riesen umgeben war. Die Luft war wie scharfer Wein und etwas in Lee sagte: *„ Ich träume nicht." Ich weiß, dass ich hier bin. Ich kann die Luft in meiner Lunge spüren. Ich spüre, wie ein neues Leben durch mein Fleisch vibriert. Ich bin immer noch betrunken, aber jetzt ist es anders. Jetzt bin ich betrunken von einem Gefühl völliger Freiheit. Zum ersten Mal weiß ich, dass ich nie wirklich gelebt habe.*

Er richtete seinen Blick auf die Sterne über ihm – stahlblaue Sterne in der klaren Luft. *Ich weiß auch, dass dies das Himalaya-Gebirge ist – dass dies das Dach der Welt ist.*

Er drehte sich um und blickte in die Höhle. Ein Mann stand in der Nähe. Er trug ein weißes Kleid, doch seine Gestalt war nicht verborgen; Ein prächtiger, 1,80 Meter großer Körper trug einen Kopf von majestätischen Ausmaßen. Das Gesicht des Mannes war ein Magnet und Lee würde nie wissen, ob er gutaussehend war oder nicht. Er würde sich daran erinnern, dass der Mund fest, die Nase gerade und die Augen dunkel und faszinierend waren. Sie waren nicht golden, doch das Licht, das von ihnen ausging, erhellte das Gesicht und hinterließ für immer einen Eindruck von strahlendem Gold.

Der Mann mit den goldenen Augen.

Lee sagte: „Ich bin ein Fremder. Wie bin ich hierher gekommen? Warum bin ich gekommen?"

Der Mann trat vor und blickte auf die Berge hinaus. Aber er schien viel weiter zu blicken – in die Unendlichkeit hinein. Er sagte nichts.

„Bitte. Warum bin ich hier?"

Der Mann achtete nicht darauf. Er beendete die Betrachtung dessen, was ihn interessiert hatte, und wandte sich wieder der Höhle zu.

"Bitte."

Bei diesem Wort blieb der Mann stehen und drehte sich um. Er sah Lee lange an. Dann sagte er: „Seien Sie sehr vorsichtig. Ein Sturz aus dieser Höhe wäre tödlich." Damit ging er zurück in die Höhle und...

Lee Hayden lag in einem schweißdurchnässten Bett.

Aber sein Erwachen war anders als alles, was er je erlebt hatte. Als er später versuchte, dies zu analysieren, kam er zu dem Schluss, dass er aufgewacht war, weil er nicht geschlafen hatte; sozusagen erwacht, aus einem erwachten Zustand. Als er versuchte, diesen Widerspruch zu rationalisieren , gelang ihm das nicht. Er konnte es auch nicht ändern.

Aber er sprang mit einem wortlosen Schrei aus dem Bett und kniete nieder, um nach der Whiskyflasche zu greifen. Es war mehr als ein Doppelschuss übrig. Er schluckte es hinunter. Er ließ die Flasche fallen und schluchzte. Dann verließ ihn alle Kraft und er brach auf dem mit Whisky getränkten Teppich in den Schlaf ein ...

Daphne führte Lee zu einem Tisch und fragte: „Was möchtest du trinken?"

„Nichts. Hast du etwas Zeit?"

"Natürlich." Sie setzte sich ihm gegenüber.

„Ich hatte letzte Nacht einen – nun ja, einen Traum."

"Ein Traum?"

Seine Augen wurden leicht schmal. „Du stellst das als Frage. Glaubst du nicht, dass es ein Traum war?"

„Ich hätte keine Möglichkeit, es zu wissen."

„Ich glaube nicht, dass das ganz stimmt."

„Dann meinst du, ich würde dich täuschen?"

„Nein, vielleicht reden wir nur auf verschiedenen Ebenen. Ich denke, Sie wissen weit mehr, als Sie verraten. Sie wussten, dass Mr. Clifford mir gesagt hat, ich sei bereit, den Mann mit den goldenen Augen zu sehen."

"Ja."

"Ich sah ihn."

Sie betrachtete ihn mit der abstrakten Wärme, die er zuvor in ihren Augen gesehen hatte. „Was wünschst du mir?"

„Ich – ich weiß nicht. Ich bin hierher gekommen, um –"

Daphne streckte plötzlich ihre Hand aus und legte sie auf seine. „Ich kann dir nur Folgendes sagen, Lee. Weder ich noch Mr. Clifford oder irgendjemand sonst können dir mehr helfen. Alles, was für dich getan werden kann, wurde getan. Von hier aus stehst oder fällst du durch das, was in dir ist."

„Dann kündigen Sie Ihren Job?" Lee sprach leichthin, aber mit einem Hauch Bitterkeit darunter.

"Welcher Beruf?"

„Mr. Clifford hat Ihnen gesagt, Sie sollen mir auf jede erdenkliche Weise dienen."

„Das geht immer noch, Lee. Was willst du?“

„Du bist ein sehr schönes Mädchen. Was glaubst du, was ich will? Dich.“

„Du meinst, du bist in mich verliebt?“

„Erscheint es so unglaublich?“

Sie lächelte ihn an. „Du erkundest nur – jagst – nicht wahr? Du versuchst immer noch, Antworten auf Fragen zu bekommen. Du weißt, dass wir als Mann und Frau nichts füreinander haben?“

Er versuchte, hinter ihre Augen zu schauen. „Ja, ich weiß es. Wo ist deine Liebe, Daphne?“

„Derselbe Ort wie Ihrer. Wir suchen das Gleiche.“

„Aber können wir nicht Hand in Hand danach suchen?“

„Nein. Jeder muss auf seine Weise suchen.“

„Aber Sie haben eine klarere Vorstellung davon, was wir suchen als ich?“

„Vielleicht – vielleicht auch nicht. Wer kann das sagen?“

Lee stand auf und streckte seine Hand aus. „Danke. Du warst sehr gut zu mir.“

„Du gehst jetzt?“

"Ja."

"Wo?"

„Um den Mann mit den goldenen Augen zu finden.“

"Wo ist er?"

„Er ist irgendwo im hohen Himalaya. Das war kein Traum, den ich hatte. Ich war dort. Ich habe ihn gesehen.“

„Aber dieses Mal wird es anders sein. Der Weg ist unbekannt. Es gibt keine Straßenkarten.“

„Ich kann nur mein Bestes geben. Es kann sein, dass ich scheitere. Vielleicht finde ich ihn nie.“

In ihren Augen lag Zärtlichkeit. „Ich denke, das wirst du. Ich bin mir sehr sicher, dass du das tun wirst …“

„Auf Wiedersehen, Daphne.“

Lee ging bis zum Morgengrauen durch die Straßen, und als er sein Zimmer wieder betrat, packte er seine Tasche und überprüfte seinen Geldbestand.

Und es war, als ob er zu zwei Männern geworden wäre, die in einer Haut gingen; zwei Köpfe in einem Gehirn untergebracht. Einer von ihnen war fanatisch; der andere vernünftig und vorsichtig.

Der vernünftige Mann sagte: „ *Du bist ein Narr.* " *Sie sperren Leute wie dich ein. Zu viel Whisky. Zu viel mentale Prügel. Du bist verrückt geworden.*

Der Fanatiker sagte: *Er ist im Himalaya. Ich werde ihn finden. Also dorthin gehe ich.*

Der vernünftige Mann sagte: „ *Du bist verrückt.* "

Der Fanatiker sagte: „ *Zugegeben, aber dieser Spinner ist auf dem Weg nach Indien.* "

Lee flog nach Osten. Sieben Tage später war er in Karatschi. Er blickte kaum auf den Ort und richtete seinen Blick nach Norden, Richtung Belutschistan. ostwärts in Richtung Lucknow und Delhi. In dieser Richtung war das Dach der Welt ein schwacher blauer Dunst am Horizont seiner Fantasie. Sein Gesicht war grimmig und kalt. Sieben Tage hatten ihn verändert. Der Fanatiker ritt jetzt hoch hinaus. Der vernünftige Mann war ein verschwommener Geist, der unruhig im Hintergrund lauerte.

Er tauschte sein Geld in die Münze des Reiches ein und nahm einen Zug nach Delhi. Er ritt mit fremden Leuten, ohne sich ihrer Anwesenheit kaum bewusst zu sein.

Er entdeckte, dass die Fahrt mit der indischen Eisenbahn von Karatschi nach Delhi eine frustrierende und verwirrende Angelegenheit war. Er begann, sein Geld sorgfältig zu zählen; es horten; Feilschen. Als er in Delhi ankam, war er ein hagerer, bärtiger Fremder mit Fieber unter den Augen.

Aber in seinem Herzen herrschte Ruhm aufgrund einer neuen und geschärften Sensibilität. Er war allein und ohne Freunde und fast ohne Geld, und doch hatte er sich noch nie zuvor so fähig und kompetent gefühlt.

Als er auf der Suche nach einem günstigen Hotel durch die Straßen von Delhi streifte, hörte er eine fröhliche Stimme, die seinen Namen rief. Er hat sich gedreht. Die Stimme kam aus einem Auto am Straßenrand. Ein brandneues Ford Cabrio. Lee sprach beiläufig. „Wie geht es Ihnen, Herr Clifford?"

Das Treffen war ebenso seltsam und unlogisch wie alle anderen Ereignisse und Vorfälle in Lees Leben, seit er in der Gosse von New York City gelegen hatte.

Mr. Clifford lächelte warm. „Mr. Hayden – ich freue mich, Sie zu sehen."

„Eine echte Überraschung", sagte Lee.

"Wie geht es dir?"

„Gut – ganz gut."

„Ich mache einen kleinen Ausflug, wie ich sehe."

„Ja. Ein wenig herumkommen. Die Welt sehen."

Ein verrücktes Gespräch angesichts der Fragen, die er an Mr. Clifford hatte; und die Dinge, die Mr. Clifford ihm logischerweise hätte sagen müssen.

Aber in Lee Hayden war eine neue und aufregende Unabhängigkeit entstanden. Ihm wurde klar, dass er nicht derselbe Mann war, den Clifford in New York gerettet und unter Drogen gesetzt hatte.

„Man kommt wirklich gut zurecht", sagte Lee.

„Oh ja. Ich habe viel zu tun."

Lee wandte sich ab.

„Wir sehen uns irgendwann wieder."

„Das hoffe ich – und übrigens, es gibt einen Mann, mit dem Sie vielleicht gerne reden würden. Ich denke, Sie würden sich frei fühlen, ihm Fragen zu stellen. Vielleicht würde er sich frei fühlen, zu antworten."

„Gut – wo kann ich ihn finden?"

Mr. Clifford dachte einen Moment nach und sagte dann: „Ich gehe in diese Richtung. Steigen Sie ein."

Lee gehorchte und warf seinen Rucksack auf den Rücksitz – den Rucksack, den er zusammen mit Bargeld für seinen teuren Zweianzug aus Schweinsleder erworben hatte.

Mr. Clifford steuerte den Ford vorsichtig durch die Straßen und hinaus auf die staubige Landstraße, die nach Nordosten führte. Viele Meilen lang wurde kein Wort gesprochen; bis Lee eine Hand zum Horizont ausstreckte. "Schöne Berge."

„Der Himalaya. Das Dach der Welt."

„Kein Berg auf der Erde ist so groß wie dieser."

„Robust, nicht wahr? – und wunderschön."

„Übrigens, wie geht es Daphne?"

„Ich bin mir sicher, dass sie bei ausgezeichneter Gesundheit ist. Ich habe sie schon lange nicht mehr gesehen."

Mr. Clifford bog von der Straße ab und hielt neben einer geparkten Cadillac-Limousine. In der Nähe befanden sich eine kleine Hütte und ein winziges Gehege. Im Gehege fraß eine Ziege trockenes, farbloses Heu.

Vor der Hütte saß ein Mann im Schneidersitz. Er war sehr alt und dünn. Seine Haut war von der Sonne schwarz verbrannt und er trug nur ein weißes Laken, das locker um seinen Körper gewickelt war. Sein Kopf war völlig unbehaart und er sah aus, als hätte er jahrelang dort gesessen, ohne einen Muskel zu bewegen.

Eine Frau saß vor ihm auf dem Boden. Die Sonne ging gerade unter und ihre Strahlen spielten auf ihrem prächtigen weißen Haar; über die Farbenpracht ihres Kleides – ein Kleid, das, schätzte Lee, mehrere hundert Dollar gekostet haben musste. Doch sie saß im Staub vor diesem alten Indianer und lauschte jedem seiner Worte.

„Wir werden warten", sagte Herr Clifford.

Nach einer Weile stand die Frau auf und näherte sich dem Cadillac. Lee sah ihr schönes, ruhiges, faltenfreies Gesicht und war beeindruckt von ihrer Ähnlichkeit mit Daphne. Sie ähnelte weder im Gesicht noch in der Figur Daphne, doch sie hatten eine faszinierende mystische Schönheit gemeinsam, die von innen zu kommen schien.

Die Frau lächelte Mr. Clifford an, der zurücklächelte. Es wurde kein Wort gesagt. Nachdem sie rückwärts aus dem Auto gefahren und auf die Straße gefahren war, sagte Mr. Clifford: „Warten Sie bitte" und stieg aus dem Auto. Er ging auf den Mann im Schneidersitz zu und setzte sich in den Staub.

Sie unterhielten sich lange, und als Mr. Clifford aufstand und zum Auto zurückkehrte, war es schon dunkel, und der Himmel über Indien war voller großer flammender Sterne.

„Ich werde Sie jetzt verlassen", sagte Mr. Clifford. „Der Mann bei der Hütte ist nur als Abat Krishna bekannt. Sie können sich ihm nähern und mit ihm sprechen."

"Danke schön."

Clifford zögerte, bevor er sich ans Steuer setzte. Sein Blick richtete sich auf den dunklen Horizont.

„Vor Ihnen liegt Gefahr."

"Ich habe keine Angst."

„Vielleicht wirst du finden, was du willst. Vielleicht wirst du sterben."

„Ich werde meinen Weg finden. Du hast gesagt, ich könnte diesen Mann befragen?"

„Du kannst ihn alles fragen, was du willst. Auf Wiedersehen."

Mr. Clifford startete den Motor und fuhr weg. Die Ziege blökte zum Abschied durch die sternenklare Dunkelheit.

Lee ging zur Hütte und setzte sich vor Abat Krishna. Der Indianer betrachtete den Himmel und schwieg.

„Wer", fragte Lee, „sind die Großen?"

„Es gibt viele Namen für die Gruppe. Sie wurden die Große Weiße Bruderschaft genannt. Sie wurden als die Auserwählten bezeichnet. Aber dieser Name ist insofern irreführend, als niemand wirklich auserwählt ist. Der Weg steht allen offen. Nichts ist gegeben." , alles ist verdient."

„Ist Mr. Clifford ein Großartiger?"

„Möglicherweise. Ich weiß es nicht."

„War es reiner Zufall, dass er mich in der Gosse gefunden und hochgehoben hat?"

„Nichts ist reiner Zufall, mein Sohn. Die beiläufigste Bewegung der Antenne eines Insekts ist sorgfältig geplant."

„Was machen die Großen?"

„Ihre Pflicht – die für sie genauso einfach und alltäglich ist wie unsere für uns."

„Wie kann man sie erkennen?"

„Das wäre schwierig."

„Wo kann man einen Großen finden?"

„Überall. Wohin auch immer ihre Pflichten und ihr Schicksal sie rufen."

„ *Was* genau ist ein Großartiger?"

„Ein Kind Gottes, das sich durch seine eigenen Bemühungen auf ein besseres Verständnis der Gesetze Gottes und auf ein tieferes Bewusstsein vorbereitet hat. Damit gehen natürlich größere Verantwortungen und größere Erfolge einher."

„Ich habe gehört, dass es in Indien Männer gibt –"

„Warum unbedingt Indien?"

„–dass es Menschen auf dieser Erde gibt, die auf dem Wasser gehen können; die durch feste Substanzen hindurchgehen können. Ist daran etwas Wahres?"

„Ich weiß es nicht. Ich habe noch nie einen solchen Menschen getroffen."

„Glauben Sie, dass solche Personen existieren?"

„Die Antwort darauf ist schwierig. Verstehen Sie alle Naturgesetze vollständig? Alle Gesetze Gottes?"

„Nein. Ich weiß sehr wenig darüber."

„Dann könnte ich es so ausdrücken: Ein Mann, der durch feste Materie geht, würde Ihnen so vorkommen, als verstoße er gegen ein Naturgesetz. Aber ein Trick elementarer Taschenspielertricks – das Verschwinden einer Münze – könnte für ein Kind genauso erscheinen." . Vielleicht liegt die Antwort also in einem vergleichsweise größeren Verständnis."

Lee betrachtete Abat Krishna. Abat Krishna betrachtete ruhig den Himmel. Lee sagte: „Aber der *Größte* von allen ist der Mann mit den goldenen Augen. Habe ich recht?"

"Du hast Recht."

„Ich suche ihn."

„Ein lohnendes Unterfangen. Ich habe ihn seit vielen Jahren gesucht."

„Aber ich weiß, wo er ist."

„Du hast wirklich Glück."

„Ich habe ihn in einem Traum gesehen, den viele vielleicht für einen Traum halten. Aber ich weiß, dass es kein Traum war!"

„Ich bin mir sicher, dass das nicht der Fall war."

„Ich habe ihn in einer Höhle hoch oben in einem der Himalaya-Berge gesehen."

„Es gibt viele Berge in der Kette."

„Ich werde den Richtigen finden."

„Ich bin sicher, das wirst du."

Lee beugte sich vor. „ Du hast gesagt, dass du ihn auch suchst. Dann komm mit mir."

„Das kann ich nicht. Jeder Mensch folgt seinem eigenen Schicksal."

"Und deins-?"

„Dazusitzen und den Himmel zu studieren, bis ich mich würdig finde, den Blick zu senken."

„Ein seltsames Schicksal."

„Alle Schicksale sind seltsam."

„Ich bin egoistisch genug, um dich um Hilfe zu bitten."

„Ich habe nichts zu geben."

„Kein Rat?"

„Vielleicht ein unbedeutender Teil. Im Osten liegt eine Siedlung namens Almora . Von dort aus ziehen Handelskarawanen in das höher gelegene Land – und darüber hinaus."

"Danke schön."

„Die Ziege ist bereit zum Melken. Erfrischen Sie sich, bevor Sie gehen …"

Nun war Almora weit zurück. Und weit dahinter waren die Handelskarawane und die Männer, die sein Geld nahmen und ihn viele Tage später in den kalten Ausläufern des Berges sterben ließen. Aber er war nicht gestorben.

Und weit dahinter waren die freundlicheren Eingeborenen der kälteren, windigeren Orte, die ihn kleideten und fütterten und ihn eher wie ein verrücktes Kind denn wie einen Mann behandelten. Er verließ sie und sie zuckten mit den Schultern und ließen ihn gehen. Als hätten sie vielleicht andere Verrückte vor ihm gehen sehen.

Und er war weitergegangen – immer höher – getrieben von einem immer stärker werdenden Fieber in einem immer dünneren und abgemagerten Körper. Bis er, so schien es, nicht mehr weitergehen konnte. Er lag tagelang in einer kleinen Höhle, während der eisige Wind am Eingang tobte, während er mit zwei Fiebern kämpfte – eines in seinem Geist und eines, das sein Fleisch und seine Knochen mit Flammen durchdrang.

Er rief in seiner Qual den Mann mit den goldenen Augen an, aber es kam keine Antwort. Ein Zeitalter verging; ein Zeitalter des Halbbewusstseins; ein anderer; dann schlief er.

Als er aufwachte, war das körperliche Fieber verschwunden und das geistige Fieber hatte sich in etwas anderes verwandelt; etwas, das er noch nie zuvor gewusst hatte. Er lag lange da, studierte es und analysierte es.

Dann wusste er es.

Er wusste es und lächelte, stand auf und verließ die Höhle, der blasse Geist eines erschöpften Mannes. kaum mehr als eine Erscheinung, die kaum in der Lage zu sein schien, zu stehen. Dennoch fühlte er sich stärker und glücklicher als je zuvor in seinem Leben. Sein Glück kam aus dem Wissen, dass ihm seine neue Kraft und sein neues Verständnis nicht gegeben worden waren; dass er es verdient hatte; dass er Stück für Stück mit seinem Leid bezahlt hatte.

Er sagte sich: *Mir wurde nicht geholfen. Nur geführt. Ich hätte sterben können. Niemand hat mich beschützt.*

Und jetzt verstehe ich.

Er verließ die Höhle und stieg trittsicher auf ein höheres Plateau. Hier lag kein Schnee. Nur windgepeitschtes Gestein und karger Boden. Er ging, bis er sein Ziel erreichte.

Es war eine andere Hütte; dieses aus Rasen und Steinen, um dem Wind und der Kälte zu trotzen. In der Tür saß ein Mann, in Pelze gehüllt. Seine Haut war vom Wetter dunkel, aber man konnte ihn weder alt noch jung nennen.

Lee ging nicht einmal auf diese Punkte ein. Er wusste nur – aus seiner neuen Wahrnehmung, aus der neuen Mystik, die er sich durch sein Leiden erworben hatte –, dass die Hütte und der Mann dort sein würden; dass keine Chance ihn gebracht hatte; dass alles so sicher wie bei Sonnenaufgang arrangiert worden war.

Er stand vor dem Mann und hob den Blick. „Die Berge sind hoch.“

„Die Berge sind immer hoch. Kein Mensch erreicht jemals den Gipfel seines Berges.“

„Das weiß ich jetzt.“

„Noch nicht einmal eine Höhle auf halber Höhe des Berghangs.“

„Das weiß ich auch. Ich weiß auch –“

„Ist das der Mann mit den goldenen Augen –?“

„Bin ich selbst. Er war da in mir, zurück in meinem Zimmer, eine halbe Welt entfernt, nicht in einer Höhle im Himalaya.“

„Der Mann mit den goldenen Augen, mein Sohn, ist jeder Mensch – das Symbol der Vollkommenheit, das jeder Mensch in seinem Herzen trägt. Es ist die Suche nach dieser Vollkommenheit, die das Leben ausmacht: Der Mann mit den goldenen Augen ist das Abbild dessen, was jeder Mensch.“ hat die Macht zu sein.

„Ich weiß diese Dinge jetzt, aber sag es mir. Warum wurde es mir gegeben, das Bild so klar zu sehen?“

„Jeder Mensch, der in die Tiefe gelangt, hat die Wahl. Auf der einen Seite steht der Tod, auf der anderen der lange Aufstieg zurück.“

„Aber in meinem Fall war noch mehr. Mir wurde geholfen. Ich wurde angeleitet.“

„Deine Schritte waren vielleicht gelenkt, aber du musstest den Aufstieg selbst schaffen. Du hättest jederzeit aufgeben und auf dem Weg sterben können.“

„Aber warum wurde ich geführt?“

„Für alles gibt es einen Grund, und es gibt Große Wesen, die sich großer Notwendigkeiten bewusst sind. Sie haben versucht, in den Weltraum einzudringen, und sind gescheitert. Vielleicht erfordert die Zeit jetzt die Eroberung des Weltraums, und daher sind Ihre Talente für den kosmischen Plan wertvoll."

„Es gibt so viel, was ich lernen muss. So weit muss ich in so kurzer Zeit kommen. Um den Weltraum zu erobern, muss ein Mann zuerst sich selbst besiegen."

Die pelzige Gestalt lächelte. „Gut. Jetzt bist du bereit zu lernen. Setz dich, mein Sohn. Der Unterricht muss beginnen."